梅干しは万能調味料

ワタナベマキ

私にとって梅干しは基本調味料であり「万能調味料」

さしすせそ「う」。

梅干しを、基本調味料さしすせそに続く第6の調味料として、日々の料理に使ってほしい——

この本は、そんな思いを込めて作りました。

殺菌効果や疲労回復、消化促進や腸内環境の改善など、梅干しの効能は古くから万能薬のように知られていて、もちろん私も、昔ながらの使い方でもお世話になっています。ですが私にとって梅干しは、塩、しょうゆ、みそといった基本調味料と同じような存在であり、いつもの料理をグンとおいしくしてくれる、万能調味料でもあるんです。

この本を手に取ってくださった方は、きっと梅干し好きな方、ご自分で漬けている方も多いのかな、と思います。梅干しそのものの酸味や塩けを生かしてもおいしいですが、合わせる食材や調理法によって、その酸味や塩けがよい加減に変化していくところも素晴らしい。だしや野菜の甘味と合わせれば、まろやかに。スパイスや乳製品、油と合わせれば、お互いを引き立て合い、うま味たっぷりのよいあんばいに。

梅干しの新たな味をもっともっとたくさんの方に
知ってもらいたいと、レシピを考えました。

本書では、塩と赤じそだけで漬けた、塩分14％の赤梅干しを
使用していますが、白梅干しを使ってもいいですし、
市販品や好みの塩分のものでかまいません。
はちみつ漬けのような甘い梅干しの場合は、
みりんや砂糖などの甘味を少し減らして。
逆に、塩分15％以上のものを使う場合は、梅干しの分量を
レシピの半量～2/3量程度に減らすなど、加減してみてください。

台所にあるそれぞれの梅干しを
うまく日々の料理に取り入れて、
梅干しのおいしさや奥深さを
楽しんでいただけたらうれしいです。

ワタナベマキ

梅干しを「調味料」として使ってみましょう

わが家のキッチンには、つねに梅干しがスタンバイ。料理に合わせて、いろいろな使い方をしています。

あえものや炒めもの、ドレッシングなどに使うときは、種を除いて包丁で細かくたたき、ペースト状にして使います。ほかの調味料ともなじみやすく、全体に味をからめられます。

梅干しを丸のまま、煮ものや炊き込みごはんに加えて。加熱するうちにゆっくり梅のおいしさが行き渡ります。食べる前に果肉をつぶして混ぜ、種は除いていただきましょう。

この本で使った梅干しについて

・「梅干し」は、塩分14％のもの（甘くないもの）を使用しました。市販の梅干しを使う場合は、この塩分を目安に選んでください（または使用する分量を加減してみてください）。白梅干しと赤梅干しは、お好みでどちらを使ってもかまいません。梅干しの作り方は、p.116～でご紹介しています。

梅干しは果肉だけでなく、種自体からも独特のうま味が出るので、しっかり活用したいもの。煮炊きものに入れるのはもちろん、おひたしやマリネなど漬け込む料理にもおすすめ。

手でちぎって料理に加えると、ほどよい凹凸が生まれ、ほかの食材と合わせたときに立体感のある味わいに仕上がります。梅味に強弱が出るので、食べ進める楽しさもあります。

目次

あえる

煮る

蒸す

揚げる

炊き込む

2 梅干しで新しいおいしさ

卵と合わせて

苦味やくせのある野菜と合わせて

甘味のある野菜やくだものと合わせて

とうもろこしとささみの梅マリネ　98
柿の梅コンポート　100
かぼちゃの梅あえ　101

スパイスと合わせて

鶏もも肉の梅クミン焼き　102
梅とシナモン、八角のチャーシュー　104／106
たこの梅山椒マリネ　105／107

乳製品と合わせて

梅クリームパスタ　108
たらの梅レモンバターソテー　110／112
焼きたけのことオクラの梅チーズ　111／113

私の梅しごと

1kgから気軽に始める 梅干し作り
梅干し作りのQ&A　117
梅酢も活用しましょう　123
しゃぶしゃぶ 梅酢だれ　124
梅酢ドレッシングのサラダ　125
ささみの梅酢そうめん　126

コラム

梅干しがおべんとう作りを支えてくれた　34
梅干しはタマリンドに似ている　60
小腹がすいたときも、梅干しがあれば　84
海外旅行にも！ 梅干しはお守りがわり　114

この本の決まり
・大さじ1は15㎖、小さじ1は5㎖、1カップは200㎖です。
・電子レンジは600Wのものを使用しました。加熱時間は目安です。機種や使用年数により多少の違いがありますので、様子を見て加減してください。
・特に記載のない限り、野菜は洗ったり、へたや筋、皮を除いてからの手順を記載しています。

1

梅干しを毎日の食卓に

「私にとって梅干しは、基本調味料であり、万能調味料」。そう言うと、「そんなに使う？」と驚かれることも多いです。「ごはんのおとも」という印象が強い人には意外かもしれませんが、梅干しは実はあらゆる素材とよくなじみ、多くの調理法で活用できるすぐれもの。ただすっぱいだけでなく、塩味にうま味、ほのかな甘味もあって、味わいに深みを与えてくれたり、肉や魚のくさみをおさえてやわらかくしてくれたりと、本当に頼れる存在です。

　この章では、私が日々の料理で梅干しをどんなふうに使っているかをご紹介します。いくつか実際に作ってみると、きっと梅干しの調味料としての実力を実感できるはずです。

焼く

梅干しは、加熱するとツンとした酸味がおさえられ、まろやかで食べやすくなるように思います。包丁でたたいてペースト状にし、野菜や肉にのせて焼くのが私の定番。また、梅干しを加熱することで血流を促進する「ムメフラール」という成分が生まれるそう。女性に多い冷え性の改善に効果が期待されるのも、うれしいポイントです。

【まずはシンプルに】

焼き梅干し

香ばしい焼き目をつけて
お茶請けにしたり、
そのままごはんにのせたり。
納豆やあえものに混ぜても。

材料（作りやすい分量）

梅干し……適量

作り方

① コンロに焼き網をのせ、梅干しを並べて中火で熱する。軽く焼き目がついたら上下を返し、さらに好みの加減まで焼く（オーブントースターで7～8分焼いてもよい）。

豚肉とししとうの梅ソテー

ジューシーな豚ロース肉を
梅の風味でさっぱりと。
たれが少し焦げやすいので
何度か上下を返し、
ししとうを豚肉の上に
逃がしながら焼いてください。

材料（2人分）
豚ロース厚切り肉…2枚（300g）
塩…少々
ししとう…12本
梅干し（種を除き、包丁で粗くたたく）…2個
A［みりん…大さじ2
　しょうゆ…小さじ1
米油…小さじ2
白いりごま…少々

作り方
①梅干しはAと混ぜ合わせる。
②豚肉は筋に切り目を入れ、塩をふる。ししとうは長い軸を切り落とし、1～2か所切り目を入れる。
③フライパンに米油を中火で熱し、豚肉を並べる。焼き目がついたら上下を返し、同様に焼き目をつけ、弱めの中火にして7～8分焼く。
④ししとうを加えて焼き目がつくまで焼き、①を加え（写真a）、煮立たせながらからめる。器に盛り、白ごまをふる。

a

豚肉とししとうに火を通してから、梅干し入りのたれを加えて煮立たせ、さっとからめる。

鶏肉とねぎの梅マヨ串焼き

鶏肉とねぎを交互に刺した「ねぎま」串とささみ串にコクと酸味のある梅マヨネーズをのせて。この梅マヨは、野菜とあえてもおいしいですよ。

材料（2人分）

鶏もも肉…大1/2枚（150g）
鶏ささみ…3本（150g）
長ねぎ…1/2本（50g）
梅干し（種を除き、包丁でたたく）…2個
マヨネーズ…大さじ1と1/2
塩…少々
黒いりごま…少々

作り方

①梅干しはマヨネーズと混ぜ合わせる。
②鶏もも肉はひと口大に切る。ささみは筋を除き、ひと口大に切る。長ねぎは3㎝長さに切る。
③鶏もも肉と長ねぎを竹串に等分に、ささみも等分に刺す。交互に刺す。それぞれ塩をふり、①を表面に塗る（写真a）。
④魚焼きグリルに③を入れ、中火で12〜13分、焼き目がつき、鶏肉に火が通るまで焼く。器に盛り、黒ごまをふる。

鶏肉とねぎに梅マヨネーズを塗ってグリルへ。ミニサイズのスパチュラがあると塗りやすい。

万願寺とうがらしの梅おかか焼き

材料（2人分）

万願寺とうがらし…6本
梅干し（種を除き、包丁でたたく）…2個
A
- 削り節…15g
- 酒・みりん…各大さじ1
- ごま油…小さじ2

作り方

① 梅干しはAとよく混ぜ合わせる。
② 万願寺とうがらしは縦に切り目を入れ、それぞれ①を詰める。
③ 魚焼きグリルに②を入れ、焼き目がつくまで中火で8～10分焼く。

おむすびの具でも人気の
梅おかかを万願寺に詰めて。
夏の夜のおつまみに
ぴったりな一品です。

長いもの梅白みそ焼き

材料（2人分）
長いも…250g
梅干し（種を除き、包丁でたたく）…1個
白みそ…大さじ2
ごま油・粉山椒…各少々

作り方
① 梅干しは白みそとよく混ぜ合わせる。
② 長いもはたわしでよく洗い、皮つきのまま3cm厚さに切る。表面に①を塗る。
③ オーブントースターに②を入れ、表面に焼き目がつくまで中火で7～8分焼く。器に盛り、ごま油をたらして粉山椒をふる。

梅と白みそを合わせると田楽みそのような味わいに。ホクホクに蒸した里いもや、焼きなすにもよく合います。

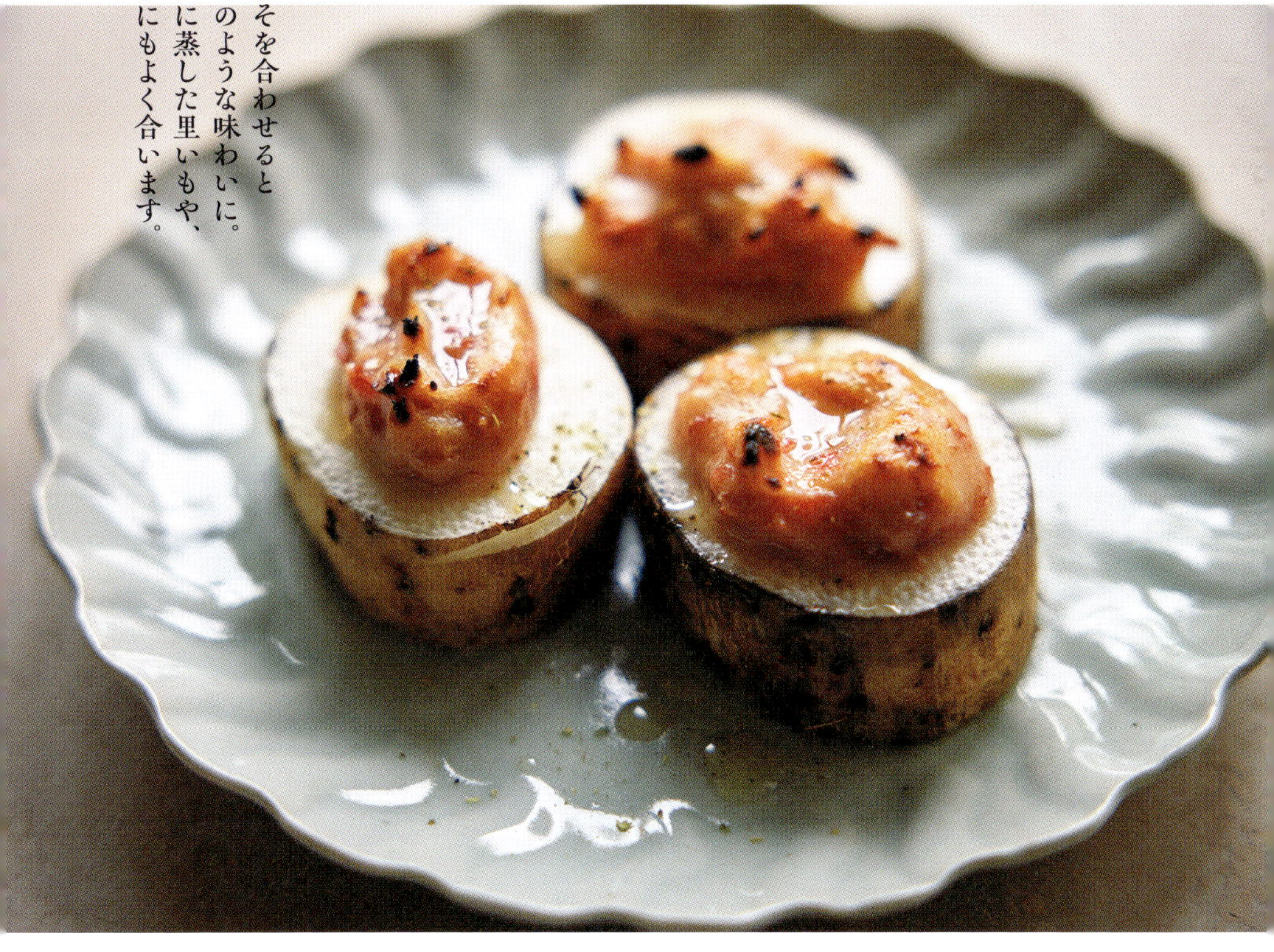

梅みそ焼きおにぎり

梅味のおにぎりは
永遠の定番ですが、
焼きおにぎりにすると
おなじみの味がワンランクアップ。
焼いた梅のまろやかさと
香ばしいみその香りが
食欲を誘います。

材料（3個分）

ごはん…1合分
塩…少々
梅干し（種を除き、包丁でたたく）…1個
A［みりん・みそ…各大さじ1/2
　ごま油…小さじ1
青じそ…適量
白いりごま…少々

作り方

① Aのみりんは耐熱容器に入れ、ラップをかけずに電子レンジで1分ほど加熱し、アルコールを飛ばす。残りのA、梅干しを加えて混ぜる。

② ごはんに塩を加え、おにぎりを3個にぎる。表面に①を等分に塗る（写真a）。

③ ②をオーブントースターに入れ、表面に焼き目がつくまで中火で7〜8分焼く。器に青じそを敷いて盛り、白ごまをふる。

a

おにぎりが温かいうちに梅みそをのせ、味をしみ込ませるのがコツ。

炒める

梅干しは油とも相性がよく、毎日の炒めものにも大活躍。加熱した梅干しは、酸味がまろやかになってコクが増すので、塩けとうま味、アクセントとなる酸味を兼ね備えた調味料として捉えると、使い道の幅がぐんと広がるはず。いつもは塩やしょうゆ味にするところを、梅干しに置き換えてみるだけでも、パッと新鮮な味わいに変化します。

【まずはシンプルに】

油揚げと小松菜の梅炒め

調味料としての梅干しの底力を、シンプルに感じられる炒めもの。あと一品ほしいときにもうれしいひと皿です。

材料（2人分）

油揚げ…2枚（60g）
小松菜…1束（200g）
梅干し（種を除き、包丁でたたく）…2個
酒…大さじ1
ごま油…小さじ2

作り方

1. 油揚げはキッチンペーパーで表面の油を拭き、それぞれ6等分の三角形に切る。小松菜は5㎝長さに切る。
2. フライパンにごま油を中火で熱し、油揚げを並べ、両面に焼き目をつける。
3. 梅干し、酒を加えてからめ、小松菜の茎を加えて炒める。透き通ってきたら葉を加え、さっと炒め合わせる。

豚ひき肉とピーマンの梅豆板醤炒め

ピリ辛の豆板醤に
梅のさわやかな風味が加わり、
あとを引く味わいに。
先にひき肉にしっかり味をつけ、
ピーマンは仕上げに加えて
シャキッと食感を残します。

材料（2人分）

豚ひき肉…200g
ピーマン…3個
梅干し（種を除き、包丁でたたく）…2個
A
- 豆板醤…小さじ2/3
- 酒…大さじ1/2
- みりん…大さじ1

ごま油…小さじ2

作り方

① 梅干しはAと混ぜ合わせる。
② ピーマンはへたと種を除き、乱切りにする。
③ フライパンにごま油を中火で熱し、ひき肉を入れて色が変わるまで炒める。
④ ①を加え、汁けがなくなるまで炒める。②を加え、全体に油がまわるまで2~3分炒める。

砂肝の梅こしょう炒め

砂肝は味が入りにくいので、
しっかり火を入れて
味をなじませるのがポイント。
仕上げのこしょうは
「ちょっと多いかな？」と
思うくらいふってOKです。

材料（2人分）

砂肝…300g
塩…少々
梅干し（種を除き、包丁でたたく）…2個
A［酒…大さじ1
　みりん…大さじ1
ごま油…小さじ2
粗びき黒こしょう…適量

作り方

① 砂肝は半分に切って銀皮を取り除き、キッチンペーパーで水けをしっかり拭き、塩をなじませる。
② フライパンにごま油を中火で熱し、①を入れ、焼き目がつくまで炒める。
③ Aを加え、汁けがなくなるまで炒める。梅干しを加えて炒め、全体がなじんだら火を止める。
④ 器に盛り、黒こしょうをたっぷりふる。

豚肉とレタスの梅炒め

豚肉から出た脂を拭くことで
すっきりした味わいに。
レタスは火を入れすぎないよう
早めに火を止めます。

材料（2人分）

豚バラ薄切り肉…150g
塩…少々
レタス…1/2個（200g）
梅干し（種を除き、包丁で粗くたたく）…2個
ごま油…小さじ2

作り方

① 豚肉は5cm幅に切り、塩をなじませる。レタスは洗って手で大きめにちぎり、サラダスピナーでしっかり水けをきる。

② フライパンにごま油を中火で熱し、豚肉を入れ、焼き目がつくまで炒める。

③ キッチンペーパーでフライパンの油を軽く拭き、梅干しを加えて炒め合わせる。レタスを加えてさっと炒め合わせる。

きゅうりの梅しそ炒め

梅ときゅうりは定番の組み合わせですが、炒めものにすると新鮮です。アクセントに青じそを。

材料（2人分）

きゅうり…2本

梅干し（種を除き、包丁で粗くたたく）…2個

青じそ…5枚

ごま油…小さじ2

作り方

① きゅうりは縦半分に切ってスプーンで種を除き、斜め1cm幅に切る。

② フライパンにごま油を中火で熱し、①を入れ、透き通ってくるまで炒める。梅干しを加えてさっと炒め、火を止める。青じそをちぎり入れ、さっとあえる。

れんこんとみつばの梅炒め

シャキシャキのれんこんと
さわやかなみつばに、
梅の酸味が抜群の組み合わせ。
ごはんもお酒も進みます。

材料（2人分）

れんこん…150g
みつば…50g
梅干し（種を除き、包丁で粗くたたく）…2個
A［酒…小さじ1
　みりん…小さじ2
米油…小さじ2

作り方

①梅干しはAと混ぜ合わせる。

②れんこんはたわしで洗い、皮つきのまま3㎜厚さの半月切りにする。水にさっとさらし、水けを拭く。みつばは4㎝長さに切る。

③フライパンに米油を中火で熱し、れんこんを加え、透き通ってくるまで炒める。①を加えて汁けがなくなるまで炒め、みつばを加えてさっと炒め合わせる。

梅かみなりこんにゃく

炒めると、かみなりのような音がするのが名前の由来。常備菜やおべんとうのおかずにもおすすめです。

材料（2人分）

こんにゃく…300g
梅干し（種を除き、包丁でたたく）…2個
A［みりん…大さじ2
　しょうゆ…小さじ1
粉かつお…大さじ2
ごま油…小さじ2

作り方

① 梅干しはAと混ぜ合わせる。
② こんにゃくは沸騰した湯で5分ほどゆで、ざるにあげる。粗熱がとれたら、スプーンでひと口大にちぎる。
③ フライパンにごま油を中火で熱し、②を入れて焼き目がつくまで炒める。①を加えて炒め、粉かつおを加えてさっと混ぜる。

もやしと香菜の梅焼きそば

焼きそばというとソースやしょうゆ味のイメージが強いですが梅味だとさっぱり軽やか。もやしのシャキシャキした歯ごたえを残して仕上げます。

材料（2人分）

中華蒸し麺（焼きそば用）…2玉
もやし…1袋（200g）
香菜…50g
干しえび…20g
梅干し（種を除き、包丁でたたく）…2個
しょうゆ…小さじ2
ごま油…小さじ2

もやしは食感を残したいので、麺に火が通ってから加え、短時間でさっと炒める。

作り方

① もやしはひげ根を除く。香菜はざく切りにする。干しえびは水でさっと洗い、熱湯大さじ3に15分ほどひたしてもどし（もどし汁もとっておく）、包丁で粗く刻む。麺は電子レンジで1分ほど加熱し、ほぐす。

② フライパンにごま油を中火で熱し、干しえびを入れて炒める。香りが立ったら麺を加え、炒め合わせる。

③ 全体に油がまわり、麺に火が入ったら、もやし、梅干し、干しえびのもどし汁を加え、全体がなじむまで炒め合わせる（写真a）。

④ しょうゆをまわし入れ、香菜を加えてさっと炒め合わせる。

コラム①

梅干しがおべんとう作りを支えてくれた

この本が出るほんの少し前まで、中学と高校の6年間、息子のためのおべんとう作りの日々が続きました。料理の仕事をしているとはいえ、毎朝、仕事の前に作り続けるのはひと苦労。そんな日々を、梅干しが確実に助けてくれました。

というのも、私と同じく、息子は梅干しが好物。「しまった、おかずの材料が足りない！」という朝だって、卵焼きでも作って詰めて、ごはんに梅干しをポンとのせておけば、なんとなくおべんとうらしくなってくれるから、本当にありがたかった。

最近は、夏はもちろん春や秋も気温が高く、素材のいたみが気になりますが、そんなときにも梅干しの殺菌効果に大助かり。ごはんを炊くときに梅干しや梅酢を加えるともちがよくなりますし、おかずの味つけに梅干しを活用すると、これまた食中毒の危険を回避できます。保冷剤を添えたり、おかずをしっかり冷ましてから詰めるといった工夫と並行しながら、「梅干しがおべんとうを守ってくれる」と心強かったです。

息子の体調がいまひとつのときも、梅干しは頼れる存在でした。食欲がない日、おなかの調子があまりよくない日、病み上がりの日なども、梅の酸味と塩けがあれば、箸の進みを助けて

ごはんに梅干しをのせるだけで、おべんとうらしくなる不思議。ついでに自分の分を作る日もありました。

くれます。おべんとうは毎日のこと。晴れの日もあれば、雨や風の日もある。体調の揺らぎにもそっと寄り添い、整えてくれる。梅干しは、私たち母子にとって、そんな存在だったように思います。

あえる

梅干しの酸味は、こってりした料理の口直しにぴったり。だから私は、よく梅干しをあえものに活用します。食卓にさっぱりとしたあえものがあると、箸休めにちょうどいい。日々の食卓にはもちろん、おもてなしの席でも喜ばれると思います。また、梅のさわやかな香りには食欲を増進する効果も。暑くてバテ気味のときも、梅味のあえものがあるとうれしいですね。

【まずはシンプルに】

たっぷりせん切りキャベツの梅だれ

梅だれはいろんなあえものやサラダに活用できます。キャベツは細めに切ると、たれのからみがよくなります。

材料（2人分）

キャベツ…200g
青じそ…5枚

A
- **梅干し**（種を除き、包丁でたたく）…2個
- 玉ねぎ（すりおろし）…1/6個分（40g）
- りんご（すりおろし）…1/4個分（50g）
- みりん…大さじ2
- ごま油…大さじ1

作り方

① Aのみりんは耐熱容器に入れ、ラップをかけずに電子レンジで1分ほど加熱し、アルコールを飛ばす。温かいうちに残りのAと混ぜ合わせる。

② キャベツ、青じそはせん切りにして合わせ、器に盛る。①をかけ、あえていただく。

菜の花とささみの梅おろしあえ

ほろ苦い菜の花に、梅の酸味がよく合います。春を予感させるさっぱり味の小鉢です。

材料（2人分）

菜の花…200g
鶏ささみ…2本（100g）
大根…200g
梅干し（種を除き、包丁でたたく）…2個
酒…大さじ1

作り方

①ささみは筋を除く。
②大根はすりおろし、水けを絞って梅干しと混ぜ合わせる。
③鍋に湯を沸かして塩適量（分量外）を入れ、菜の花を1分30秒ほどゆで、冷水にとる。水けを絞り、2㎝長さに切る。
④同じ湯に酒を加えて弱火にし、①を入れて2分30秒ほどゆで、火を止めてそのまま冷ます。キッチンペーパーで水けを拭き、手で細かくさく。
⑤ボウルに②、③、④を入れ、あえる。

ひじきと香味野菜の梅ごまあえ

濃厚な練りごまにしょうゆ、梅干しを合わせると、あとを引くおいしさのあえ衣に。歯ごたえも楽しい一品です。

材料（2人分）

生ひじき…50g
せり…40g
貝割れ菜…1/2パック
青じそ…5枚
A
- 梅干し（種を除き、包丁でたたく）…2個
- 白練りごま・みりん…各大さじ2
- しょうゆ…小さじ1/2

作り方

1. 鍋に湯を沸かしてひじきを入れ、再び煮立ったらざるにあげ、水けをしっかり拭く。
2. せり、貝割れ菜はざく切りにする。
3. Aのみりんは耐熱容器に入れ、ラップをかけずに電子レンジで1分ほど加熱し、アルコールを飛ばす。温かいうちに残りのAと混ぜ合わせる。
4. ボウルに1、2、3、ちぎった青じそを入れ、さっとあえる。

ほたてとセロリの梅セビーチェ

セビーチェとは
南米の魚介マリネ料理。
レモンやトマトの代わりに
梅干しの酸味を活用します。
お好みで、白身魚やたこの
刺身で作ってもいいですよ。

材料（2人分）

ほたて貝柱…7個（250g）
セロリ…1本（100g）
セロリの葉…3枚
塩…小さじ1/3

A
- 梅干し（種を除き、包丁で粗くたたく）…2個
- オリーブオイル…大さじ1〜2

粗びき黒こしょう…少々

作り方

① 鍋に湯を沸かして酒大さじ1（分量外）を入れ、ほたてをさっとくぐらせる。氷水にとって水けを拭き、半分にそぎ切りする。

② セロリは筋を除いて薄切りに、セロリの葉は細切りにする。合わせてボウルに入れ、塩を加えてしんなりするまでもんで10分ほどおき、水けを絞る。

③ 別のボウルにAを合わせてよく混ぜ、①、②、黒こしょうを加えてあえる。

絹さやと新ごぼうの梅ナムル

絹さやも新ごぼうも
できるだけ細く切ると
食感がよくなり、
より繊細な味わいに。

材料（2人分）
絹さや…20枚
新ごぼう…80g
酒…大さじ1
A
梅干し（種を除き、包丁でたたく）…1個
ごま油…小さじ2
白いりごま…少々

作り方
① ごぼうはたわしでよく洗い、皮つきのまま斜め薄切りにしてから細切りにし、水にさっとさらす。
② 絹さやは沸騰した湯に入れ、1分ほどゆでて氷水にとる。キッチンペーパーで水けを拭き、細切りにする。
③ 同じ湯に酒を加え、①を加えて2分ゆでる。ざるにあげ、キッチンペーパーで水けを拭く。
④ 白ごまはフライパンでさっとから炒りする。
⑤ ボウルにAを入れてよく混ぜ、②、③、④を加えてあえる。

梅春雨サラダ

清涼感のある春雨サラダ。
いつもは中華風にするところを
梅風味にすると新鮮で、
満足感もアップします。

材料（2人分）

春雨（乾燥）…30g
きゅうり…1本
ロースハム…3枚
生きくらげ…2枚

A
- 梅干し（種を除き、包丁で粗くたたく）…2個
- しょうが（すりおろし）…1かけ分
- しょうゆ・白いりごま…各小さじ1
- ごま油…大さじ1

作り方

① きゅうりは斜め薄切りにしてから細切りに、ハムは細切りにする。

② 生きくらげは沸騰した湯に入れ、1分ほどゆでてざるにあげる。キッチンペーパーで水けを拭き、細切りにする。

③ 春雨は沸騰した湯に入れ、袋の表示通りにゆでてざるにあげる。長いものは半分に切り、水けを絞る。

④ ボウルにAを合わせてよく混ぜ、②、③を加えて混ぜ、冷蔵庫で1～2時間冷やす。食べる直前に①を加え、さっとあえる。

ツナと切り干し大根の梅パセリマリネ

材料（2人分）

ツナ缶…1缶（70g）

切り干し大根…30g

A
- **梅干し**（種を除き、包丁でたたく）…1個
- パセリ（みじん切り）…大さじ2

オリーブオイル…大さじ1～2

作り方

① ツナ缶は油をきる。切り干し大根は水でさっと洗い、かぶるくらいの水に6分ほどひたしてもどす。水けを絞り、長いものは食べやすく切る。

② ボウルにAを合わせてよく混ぜ、①を加えてあえる。

常備しやすいツナ缶と
切り干し大根で作る、
さっぱり味のマリネ。
梅とパセリで香りよく。

きのこと豆の梅マリネ

火を使わずに作れる常備菜。梅のキリリとした風味に、いろんな食感が魅力です。たんぱく質や食物繊維補給にも。

材料（2人分）

しめじ…1パック（100g）
エリンギ…80g
えのきたけ…1/2袋（50g）
ミックスビーンズ（水煮）…50g

A
- 梅干し（種を除き、包丁で粗くたたく）…2個
- オリーブオイル…大さじ2

イタリアンパセリ・粗びき黒こしょう…各少々

作り方

① しめじは石づきを除いてほぐす。エリンギは長さを半分に切り、薄切りにする。えのきは根元を切り落とし、3㎝長さに切る。

② 耐熱ボウルに①を入れ、ラップをかけて電子レンジで2分30秒加熱し、キッチンペーパーで水けを拭く。

③ ボウルにAを合わせてよく混ぜ、②、ミックスビーンズを加えてあえる。粗く刻んだイタリアンパセリと黒こしょうを加え、さっとあえる。

梅と細ねぎのあえ麺

香りのよいねぎに、
互いにさわやかな風味を持つ
梅干しとしょうが。
相性抜群のトリオです。
半田麺はゆでたあと
しっかり水けをきると、
味がぼやけません。

材料（2人分）

半田麺（乾燥）…150g
新しょうが…1かけ
細ねぎ…2本
ゆで卵（半熟）…1個
梅干し…2個
A
- 酒…1/2カップ
- みりん…1/2カップ

削り節…5g

作り方

① 鍋にAを合わせ、梅干しをくずして種ごと加え、弱火にかける。煮立ったら削り節を加えて火を止め、冷めたら軽く削り節を取り除く。

② 新しょうがはせん切りにしてさっと水にさらし、水けをきる。細ねぎは斜め薄切りにする。

③ 半田麺は袋の表示通りにゆでて冷水でしめ、水けをしっかりきる。

④ ②、③を混ぜて器に盛り、ゆで卵を半分に切ってのせ、①をまわしかける。

煮る

梅干しで煮ものというと、まず思い浮かぶのが「いわしの梅煮」でしょうか。梅干しには魚や肉のくさみをおさえ、ふっくらやわらかく煮上げる効果があると言われています。甘辛味の和風の煮ものも、梅干しの清涼感が加わると、一気に新鮮な味わいに。梅干しの種からもいい味が出るので、煮るときは種もいっしょに加えてください。

【まずはシンプルに】

里いもの梅煮っころがし

寒くなると作りたくなるホクホクの里いもの煮もの。梅干しと煮からめるとどこか洗練された味わいです。

材料（2人分）

里いも…大6個（400g）

梅干し…2個

A［かつお昆布だし…2カップ
　 酒…大さじ2

みりん…大さじ3＋大さじ1

しょうゆ…小さじ1

作り方

① 里いもは皮を厚めにむき、大きいものは半分に切る。ボウルに入れ、塩適量（分量外）を加えてぬめりが出るまでもみ、流水で洗って水けをきる。

② 鍋に①を入れ、A、みりん大さじ3を加えて中火にかける。ひと煮立ちしたら梅干しを種ごと加えて木べらで軽くくずし、落としぶたをして弱めの中火にし、汁けがなくなるまで20分ほど煮る。

③ みりん大さじ1、しょうゆを加え、鍋を揺すりながら全体に照りが出るまで煮からめる。

鶏手羽中と玉ねぎの梅照り煮

梅干しとともに鶏手羽を煮ると
短時間でもやわらかくなり、
ホロリと骨から身がはずれます。
梅の風味がしみ込んだ
トロトロの玉ねぎが
ソースのようにからみます。

材料（2～3人分）

鶏手羽中…10本（500g）
玉ねぎ…1個（200g）
梅干し…2個
しょうが（皮つきのまま薄切り）…1かけ分
A［水…1と1/2カップ
酒・みりん…各大さじ2
ごま油…小さじ2

梅干しは木べらで軽くくずし、風味を全体に行き渡らせて。種からもいい味が出るので、そのまま煮る。

作り方

① 鍋に湯を沸かして手羽中を入れ、再び煮立ったらざるにあげ、キッチンペーパーで水けを拭く。
② 玉ねぎは8等分のくし形切りにする。
③ 鍋にごま油を中火で熱し、①を皮目から入れ、焼き目をつける。②を加えてさっと炒め、Aを加えてひと煮立ちさせ、アクを除く。
④ 梅干し、しょうがを加え、梅干しを木べらで軽くくずす（写真a）。落としぶたをして弱めの中火にし、ときどき混ぜながら汁けがなくなるまで煮る。

卵とにらの梅スープ

「ちょっと疲れているな」と感じる日におすすめの滋味深いスープ。卵とにらで元気が出て、食欲がなくても梅の風味でスッと胃になじみます。

材料（2人分）

卵…1個
にら…1束（100g）
A
かつお昆布だし…2と1/2カップ
梅干し（手でちぎる）…2個
酒…大さじ2

作り方

① にらは5㎜幅に切る。
② 鍋にA（梅干しは種ごと）を入れ、中火にかける。煮立ったら弱めの中火にし、ふたをして5分ほど煮る。
③ 卵を割りほぐして②にまわし入れ、菜箸でゆっくりかき混ぜる。卵がややかたまってきたら①を加え、さっと煮て火を止める。

かれいの梅煮つけ

新鮮な切り身が手に入ったら
ぜひ梅といっしょに煮つけに。
こっくりとした甘辛味でも、
あと味はさっぱり。

材料（2人分）
かれい（切り身）…2切れ
梅干し…2個
しょうが（皮つきのまま薄切り）…1かけ分
長ねぎ（青い部分）…2〜3本
A
- 昆布…5㎝角×1枚
- 水…1と1/2カップ
- 酒・みりん…各大さじ2
- しょうゆ…小さじ1

白髪ねぎ…適量

作り方

① かれいは沸騰した湯にさっとくぐらせて氷水にとり、キッチンペーパーで水けを拭く。

② フライパンにAを入れ、中火にかける。煮立ったら①を加え、落としぶたをして弱めの中火にし、ときどき全体に煮汁をかけながら12分ほど煮る。

③ 器に盛り、白髪ねぎをのせる。

かぶとひき肉の梅あん

うま味たっぷりの
梅ひき肉あんを、
やさしい甘さのかぶに
たっぷりまとわせます。

材料（2人分）

かぶ…2個（160g）
かぶの葉…2個分（80g）
鶏ひき肉…150g

A
- 梅干し（手でちぎる）…2個
- かつお昆布だし…250mℓ
- 酒…大さじ2
- みりん…大さじ1

B
- しょうがの絞り汁…1かけ分
- しょうゆ…小さじ1
- 片栗粉・水…各小さじ2

作り方

1. かぶはよく洗って皮つきのまま4等分のくし形に、かぶの葉は4～5cm長さに切る。
2. 鍋にA（梅干しは種ごと）を入れ、中火にかける。ひと煮立ちしたらかぶを加え、ふたをして弱めの中火で5分ほど煮る。
3. ひき肉を加え、ほぐしながら煮立たせ、アクを除く。ふたをしてさらに3～4分煮て、かぶの葉を加え、さっと煮る。
4. よく混ぜたBをまわし入れ、さっと煮てとろみをつけ、火を止める。

九条ねぎと生麩の梅すき焼き

おなじみのすき焼きも、
しょうゆの代わりに
梅干しを加えると、
キリリとした味わいに。
そのまま食べても、
溶き卵にくぐらせてもおいしい。

材料（2人分）

牛もも肉（しゃぶしゃぶ用）
…250g
九条ねぎ…4本
生麩（よもぎ麩、粟麩など好みのもの）
…合わせて200g
牛脂…少々

A
みりん…80mℓ
砂糖…小さじ2

B
梅干し（手でちぎる）…2個
酒…80mℓ
昆布だし…1カップ
塩…少々

作り方

① 九条ねぎは斜め薄切りにする。生麩は1.5cm厚さに切る（写真a）。

② 鍋に牛脂を中火で熱し、牛肉を入れて表面を焼きつける。Aを加えてからめ、生麩も加えて焼きつける。

③ B（梅干しは種ごと）を加え、煮立ったらアクを除いて九条ねぎを加え、さっと煮る。煮えたものからいただく。

すき焼きに生麩を入れるのは、実家の母の作り方。ひと口サイズに切り、軽く焼き目をつけるとおいしい。

梅フィッシュカレー

タイやインドでは
タマリンドという甘ずっぱい
果実を干したものを
カレーに入れますが、
その代わりに梅干しを投入。
梅はスパイスとも相性よしです。

材料（2人分）
めかじき…2切れ
塩…少々
薄力粉…大さじ1
玉ねぎ…1/2個
赤パプリカ…1/2個
さやいんげん…8本（60g）
ミニトマト…6～7個
レモングラス
（あれば根元のやわらかい部分）
…15cm×1～2本

A
香菜の根（みじん切り）
…2本分
にんにく（みじん切り）
…1片分
しょうが（みじん切り）
…1かけ分
オリーブオイル…小さじ2

B
水…1と1/2カップ
酒…大さじ2

C
梅干し（種を除き、
包丁で粗くたたく）…2個
カレー粉…小さじ1と1/2

牛乳…1/4カップ
粗びき黒こしょう…少々
ジャスミンライス
（またはごはん）…1合分

〈ジャスミンライスの炊き方〉
ジャスミンライス1合はさっと洗い、ざるにあげる。鍋にたっぷりの湯を沸かして塩ひとつまみを入れ、ジャスミンライスを加える。混ぜながら8～10分ゆでてざるにあげ、アルミホイルをかぶせ、10分ほど蒸らす。

作り方

① めかじきはキッチンペーパーで水けを拭き、2～3等分に切る。塩をなじませ、薄力粉をまぶす。

② 玉ねぎは薄切りに、パプリカはへたと種を除き、薄切りにする。さやいんげんはへたを除き、縦半分に切る。レモングラスは半分に切る。

③ 鍋にAを入れ、弱火にかける。香りが立ったら①を加えて中火にし、両面に焼き目をつける。②を加えてさっと炒め、Bを加えてひと煮立ちさせ、アクを除く。

④ ミニトマト、C（梅干しは除いた種ごと）を加えてふたをし、弱めの中火で8分ほど煮る。牛乳を加え、沸騰直前で火を止め、黒こしょうをふる。

⑤ 器にジャスミンライスを盛り、④をかける。

コラム②

梅干しはタマリンドに似ている

タマリンドを知っていますか？　日本ではあまりなじみがないかもしれませんが、東南アジアやインドではよく使われるフルーツです。熱帯アフリカ原産のマメ科の植物で、現地の市場やスーパーでは、そら豆のようなさやに入った果実を乾燥させたものや、ペースト状にしたものが売られています。独特の甘味と酸味があって、私はいつも「どことなく梅干しに似ているな～」と感じていました。

このタマリンド、隠し味としてカレーやスープに入れたり、肉を漬け込むたれに入れたりと、東南アジアでは幅広く使われています。タイ料理の麺「パッタイ」を食べたときに、甘ずっぱいあと味を感じることがあるかと思いますが、それがタマリンドの味わい。疲労回復効果のあるクエン酸が豊富に含まれていて、そんなところも梅干しに通じています。

なので私は、タイやベトナム、インドネシア風のカレーや煮込み料理を作るとき、よくタマリンドの代わりに梅干しを活用しています。58ページでご紹介した「梅フィッシュカレー」は、スリランカ風のカレーをアレンジしたもの。このレシピでは牛乳を使っていますが、ココナッツミルク入りのマイルドなカレ

ーにも、梅干しはよく合います。本格的なエスニック料理に挑戦するとき、材料にタマリンドが登場したら、梅干しで代用してみてはいかがでしょうか。

タマリンドも梅干しも、カレー粉やスパイス類と相性がよく、ほどよい酸味が加わることで、味に奥行きをもたらしてくれます。

蒸す

せいろに入れて火にかけるだけ、手間いらず＆テクニックいらずが魅力の蒸し料理。ほっとするようなやさしい味わいの料理が多いですが、ここでも梅干しの酸味と塩け、うま味がいい仕事をします。梅に酒、または油を足すだけで、ほかにあれこれ加えなくても味つけが完成するので、忙しい日や疲れた日にもうれしいメニューです。

【まずはシンプルに】

いかの梅蒸し

いかはあっという間にかたくなってしまうので、早めにコンロから下ろして余熱で火を通します。

材料（2人分）

いかの胴（やりいか、するめいかなど）…2〜3杯分（300g）

A
- **梅干し**（種を除き、包丁でたたく）…2個
- 紹興酒（または酒）…大さじ1
- ごま油…小さじ2

えごまの葉…4枚

作り方

① いかは内臓と軟骨、皮を除き、輪切りにする。

② Aは混ぜ合わせる。

③ せいろにオーブンシートを敷き、①をのせて②をまわしかけ（写真a）、ふたをする。鍋にたっぷりの湯を沸かしてせいろをのせ、中火で2分ほど蒸し、火を止めてそのまま3分ほどおき、余熱で火を通す。

④ 器に盛り、食べる直前にえごまの葉をちぎって添える。

輪切りのいかに、梅干しだれをのせて。均一に混ぜすぎないほうが、食べ進めながら味の変化を楽しめる。

梅シュウマイ

肉だねに混ぜるだけでなく
トッピングにも梅干しを。
シュウマイには
グリーンピースが定番ですが、
赤い梅干しをのせると
見た目も味わいも新鮮です。

材料（作りやすい分量／約20個分）

豚ひき肉…350g
玉ねぎ…1/2個（100g）
シュウマイの皮…20枚
梅干し（種を除き、包丁でたたく）…1個
A 紹興酒（または酒）・しょうゆ・片栗粉…各大さじ1
　塩…小さじ1/2
梅干し（種を除き、包丁でたたく）…1個

作り方

① 玉ねぎはみじん切りにする。
② ボウルにひき肉を入れ、Aを加えて手早く、しっかり混ぜる。①を加えてさらによく混ぜる。シュウマイの皮で等分に包む（写真a）。
③ せいろにオーブンシートを敷き、②を並べてふたをする。鍋にたっぷりの湯を沸かしてせいろをのせ、中火で12分ほど蒸す。
④ 鍋からせいろを下ろし、シュウマイの上にたたいた梅干しをのせる（写真b）。

a

親指と人さし指で輪を作ってシュウマイの皮をのせ、肉だねをのせてきゅっと押し込むように包む。

b

蒸し上がったら、さらにたたいた梅干しをのせ、見た目と味のアクセントに。

梅蒸しなす

材料（2人分）
なす…2本
梅干し（手でちぎる）…2個
オリーブオイル…大さじ1

作り方
① なすは縦半分に切り、皮目に斜め5㎜幅に浅く切り目を入れる。さらにそれぞれを縦3等分に切り、さっと水にさらす。
② せいろにオーブンシートを敷き、①をのせ、梅干しを種ごとのせてふたをする。鍋にたっぷりの湯を沸かしてせいろをのせ、中火で8分ほど蒸す。
③ 鍋からせいろを下ろし、オリーブオイルをまわしかけ、さっとあえる。

なすの紫と梅の赤色、
見た目も美しい料理です。
冷めると色あせてしまうので
蒸したてをめし上がれ。

カリフラワーの梅バター蒸し

材料（2人分）

カリフラワー…1/3個（200〜250g）

梅干し（手でちぎる）…2個

バター…20g

粗びき黒こしょう…少々

作り方

① カリフラワーは小房に分け、さらに薄切りにする。

② せいろにオーブンシートを敷き、①をのせ、梅干しを種ごとのせてふたをする。鍋にたっぷりの湯を沸かしてせいろをのせ、中火で5分ほど蒸す。

③ 鍋からせいろを下ろし、さっと混ぜて器に盛る。バターをのせ、黒こしょうをふる。

カリフラワーは、縦に薄切りにすると食感が楽しい。バターと梅の組み合わせに、はまる人続出です。

豚肉とれんこん、ねぎの梅蒸し

味つけは梅干しと酒だけ、
なのにすごくおいしいのです。
最後にたらしたごま油が
全体の味をまとめ上げます。
れんこんをできるだけ薄く切り、
繊細な食感に仕上げましょう。

材料（2人分）

豚バラ肉（しゃぶしゃぶ用）…200g
れんこん…150g
長ねぎ…1/2本（50g）
酒…大さじ1
梅干し…2個
ごま油…小さじ2

豚肉はほぐしたあと、食べやすくくるりと丸めながらせいろに入れ、その上に梅干しをのせていく。

作り方

1. れんこんはたわしでよく洗い、皮つきのまま薄い半月切りにし、さっと水にさらす。長ねぎは斜め薄切りにする。
2. せいろにオーブンシートを敷き、①をのせる。豚肉を食べやすくふわっと丸めながらのせ、酒をまわしかけ、梅干しをちぎってのせ（写真a）、ふたをする。鍋にたっぷりの湯を沸かしてせいろをのせ、中火で6分ほど蒸す。
3. 鍋からせいろを下ろし、ごま油をまわしかけてさっとあえ、器に盛る。

揚げる

油のコクとボリューム感。揚げものは、みんなが喜ぶごちそうです。さらに、梅干しの酸味が加わると、味わいにメリハリがついて食べ進めるのが楽しくなります。揚げたてにからめてもよし、から揚げの下味にしたり、春巻きやフリットなどに忍ばせてもよし。冷めてもおいしいから、おべんとうのおかずにも重宝しますよ。

【まずはシンプルに】

ごぼうとにんじんの素揚げ梅がらめ

材料（2人分）

ごぼう… 1/2本（150g）
にんじん… 1本（150g）
梅干し（種を除き、包丁でたたく）… 2個
揚げ油… 適量
白すりごま… 適量

作り方

① ごぼうとにんじんはたわしでよく洗い、皮つきのまま10㎝長さの棒状に切る。
② 冷たい揚げ油に①を入れて中火にかけ、180℃に熱し、火が通るまで3〜4分揚げる（写真a）。
③ 油をきってボウルに入れ、梅干しを加えてあえる。器に盛り、白ごまをふる。

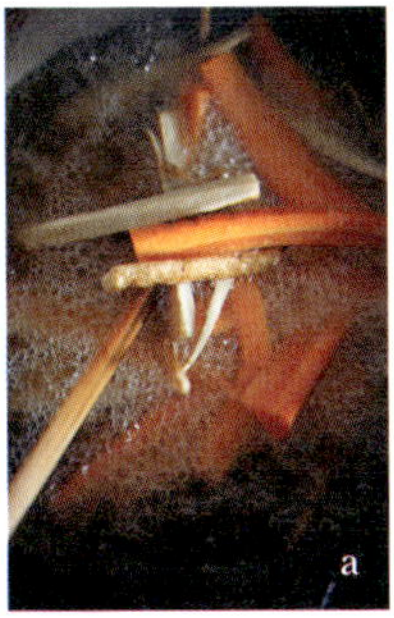

a

ごぼうもにんじんも、あえて太いところと細いところを残すと、カリッ、じゅわっと食感の違いを楽しめる。

根菜をじっくり揚げて、たたいた梅干しとからめただけなのに、絶品！新ごぼうや新にんじんの季節にぜひ。

生でも食べられる長いもは
揚げ時間も短めでOK。
しそと梅が香りよく、
大満足の味わいです。

長いもと梅の春巻き

材料（5本分）

長いも…300g
（梅干し）（種を除き、包丁でたたく）…2個
青じそ…5枚
春巻きの皮…5枚
揚げ油…適量
A［薄力粉…大さじ1
　水…大さじ1

作り方

① 長いもはたわしで洗い、皮つきのまま8cm長さ、2cm角の棒状に切って梅干しをからめる（写真a）。
② 春巻きの皮に青じそ、①を等分にのせて巻く（写真b）。巻き終わりは混ぜ合わせたAでとめる。
③ 冷たい揚げ油に②を入れて中火にかけ、180℃に熱し、きつね色になるまで3～4分揚げる。

長いもは切ったあと、キッチンペーパーでぬめりを拭いておくと、梅干しとからみやすくなる。

春巻きの皮1枚に対し、青じそ1枚、長いも2切れずつのせて巻くとバランスがよい。

せりと梅のかき揚げ

材料（2人分）
せり（根つき）…150g
梅干し（手でちぎる）…2個
薄力粉（冷やしておく）…大さじ3
冷水…大さじ4
揚げ油…適量

作り方
①せりは根つきのまましっかり洗い、4cm長さに切る。
②ボウルに①、梅干しを入れて混ぜ、薄力粉をまぶす。冷水を加え、さっと混ぜる。
③揚げ油を180℃に熱し、②を大きめのスプーンなどで適量ずつすくって入れる。そのままさわらずに揚げ、底面がかたまったら裏返して1分ほど揚げる。全体がかたまったら油の温度を200℃に上げ、カリッとするまで揚げる。

薄力粉や水をあらかじめしっかり冷やしておくと、グルテンが形成されにくく、サクッと揚がります。

鶏むね肉のから揚げ梅コチュジャンがらめ

コチュジャンと梅干しの
すっぱ辛い組み合わせは
ぜひ試してほしい、
くせになる味わいです。
淡泊な鶏むね肉が
ガツンとパンチのある一品に。

材料（2人分）

鶏むね肉（皮なし）
大1枚…（300g）

A
- にんにく（すりおろし）…1片分
- 塩…少々

B
- 薄力粉…大さじ2
- 片栗粉…大さじ1

C
- **梅干し**（種を除き、包丁でたたく）…2個
- みりん…大さじ2
- コチュジャン…小さじ2

揚げ油…適量
香菜（ざく切り）…適量

作り方

1. 鶏肉は3㎝角に切ってボウルに入れ、Aをもみ込む。Bを合わせて加え、全体にまぶす。
2. 揚げ油を170℃に熱し、①を入れる。全体が色づくまで4～5分揚げ、最後に油の温度を200℃に上げてカリッとさせて、油をきる。
3. フライパンにCを中火で熱し、煮立ったら②を加えてからめる（写真a）。
4. 器に盛り、香菜を添える。

a

フライパンに調味料を煮立て、揚げたてのから揚げを加えて全体にさっとからめる。

えびとアスパラの梅フリット

ぷりっとしたえびに
アスパラガスのみずみずしさ、
梅の酸味がアクセント。
炭酸水のおかげで衣はふんわり。
アスパラは太めのものを
選ぶのがポイントです。

材料（2人分）

むきえび…5尾
アスパラガス（太めのもの）…3～4本（120g）
梅干し（種を除き、包丁でたたく）…2個
薄力粉…大さじ1
A
- 薄力粉（冷やしておく）…大さじ3
- ベーキングパウダー…小さじ1/2
- 炭酸水（またはビール。冷やしておく）…60mℓ

揚げ油…適量

アスパラガスとえびに、梅干しを種ごと加えて混ぜ、うま味を移す。揚げるときに種を除く。

作り方

① えびは片栗粉大さじ1（分量外）をまぶしてもみ、流水で洗う。キッチンペーパーで水けを拭き、2cm幅に切る。

② アスパラは根元のかたい部分の皮をむき、2cm長さに切る。

③ ボウルに①、②、梅干しを入れて混ぜ（写真a）、薄力粉を加えてさっと混ぜる。

④ 別のボウルにAを合わせてさっくりと混ぜ、③を加えてさっと混ぜる。

⑤ 揚げ油を180℃に熱し、スプーンなどで④を適量ずつすくって入れ、こんがり色づくまで3分ほど揚げる。

炊き込む

季節ごとに、旬の食材で炊き込みごはんを作りますが、その味つけにも梅干しを活用しています。梅をいっしょに炊き込むと、お米の甘さや具材のおいしさを引き立ててくれる気がしますし、梅の風味で食欲も増進。「今日は料理を作りたくないなぁ」という日も、シンプルに梅干しとほうじ茶だけで炊いたごはんがあれば、なんだか元気が出るんです。

【まずはシンプルに】

梅茶めし

香ばしいほうじ茶で炊く茶めしに、梅干しを加えました。しみじみと滋味深い味わいです。

材料（作りやすい分量）

米…1.5合
ほうじ茶葉…大さじ3
熱湯…350mℓ
A［**梅干し**…1個
　酒…大さじ1

作り方

① 米は洗ってざるにあげ、水けをきる。
② ほうじ茶葉に分量の熱湯を注ぎ、5分ほどおく。茶こしで濾してボウルなどに入れ、冷まして300mℓ計量する。
③ 土鍋に①、A（梅干しは種ごと）を入れて②を注ぎ（写真a）、ふたをして15分おく。
④ ③を強火にかけ、煮立ったら弱火にして12分ほど炊く。15秒ほど強火にして火を止め、ふたをしたまま15分ほど蒸らす。
⑤ ふたを開け、さっくりと混ぜる。

a

ほうじ茶は、濃いめにいれたものを使うと、炊き上がったときに、ほどよい香りと味わいになる。

梅鯛めし

人気の鯛めしに
梅干しを加えてみたら、色も
紅白で少しおめでたい気分。
鮭やさんまなどの
炊き込みごはんにも、
梅干しはおすすめです。

材料（作りやすい分量）

鯛（切り身）…2切れ（200g）
塩…小さじ2/3
米…2合
A
- **梅干し**…2個
- かつお昆布だし…2カップ
- 酒…大さじ1

作り方

1. 米は洗ってざるにあげ、水けをきる。
2. 鯛はうろこを除き、塩をふって15分ほどおく。キッチンペーパーで水けをしっかり拭く。
3. 土鍋に①、②、A（梅干しは種ごと）を入れ（写真a）、ふたをして15分おく。
4. ③を強火にかけ、煮立ったら弱火にして12分ほど炊く。15秒ほど強火にして火を止め、ふたをしたまま15分ほど蒸らす。
5. ふたを開け、鯛の骨（好みで皮も）を除き、さっくりと混ぜる。

梅干しは味つけだけでなく、生魚のくさみ取りの役割もある。

梅鶏めし

鶏肉と根菜の
秋らしい炊き込みごはんに、
食欲を誘う
梅の風味をプラスしました。

材料（作りやすい分量）

鶏もも肉
…大1/2枚（150g）
塩…少々
ごぼう…80g
にんじん…80g
ぎんなん（水煮）…10個
米…2合
ごま油…小さじ2
A
- 梅干し…2個
- 酒…大さじ1
- 水…2カップ

細ねぎ（小口切り）
…少々

作り方

① 鶏肉は2cm角に切り、塩をなじませる。ごぼうはたわしで洗い、皮つきのままささがきにして水にさらし、水けをきる。にんじんは2cm長さの細切りにする。

② 米は洗ってざるにあげ、水けをきる。

③ 鍋にごま油を中火で熱し、①を入れ、鶏肉に焼き色がつくまで炒める。

④ 火を止め、②を加えてさっと混ぜ、ぎんなん、A（梅干しは種ごと）を入れ、ふたをして15分おく。

⑤ ④を強火にかけ、煮立ったら弱火にして12分ほど炊く。15秒ほど強火にして火を止め、ふたをしたまま15分ほど蒸らす。

⑥ ふたを開け、さっくりと混ぜる。器に盛り、細ねぎを散らす。

さつまいものホクホク、
甘くやさしい味わいを
梅の酸味と塩けが
キリッと引き締めます。

梅さつまいもごはん

材料（2人分）

さつまいも
…1本（200g）
米…2合
A
梅干し…2個
昆布
…5cm角×1枚
水…2カップ
酒…大さじ1
黒いりごま…少々

作り方

① 米は洗ってざるにあげ、水けをきる。
② さつまいもはたわしで洗い、皮つきのまま1.5cm厚さの半月切りにする。水にさっとさらし、水けをきる。
③ 鍋に①、②、A（梅干しは種ごと）を入れ、ふたをして15分ほどおく。
④ ③を強火にかけ、煮立ったら弱火にして12分ほど炊く。15秒ほど強火にして火を止め、ふたをしたまま15分ほど蒸らす。
⑤ ふたを開け、さっくりと混ぜる。器に盛り、黒ごまをふる。

コラム③

小腹がすいたときも、梅干しがあれば

レシピ書きや原稿チェックなど、ひとりで家にこもって仕事をする日の昼ごはんや、中途半端な時間におなかがすいてしまった日の夜食、夫や息子が出かけてしまって、家族の食事を作らなくていい夜など。それほどたくさん食べたいわけではない、けれどなにかで小腹を満たしたい、というとき、梅干しや梅酢をよく活用します。

たとえば、たたいた梅干しとツナを混ぜておむすびの具にしたり、焼いたお餅に梅酢と砂糖をまぶして食べたり。だし汁に梅干しだけを加えた素うどんや、梅干しと刻んだ青じそやせりなど、薬味をのっけたお茶漬けも定番です。どれも手間がかからず、5分以内にできるものばかり。さっぱりしているけれど味に満足感があって、手軽だけど梅干しが入ることでちょっとした「きちんと感」もあって、なんだか安心するのです。

「この満足感がなぜ生まれるのだろう?」と考えると、その理由はやはり、梅干しという食材の味の奥深さにあるのだと思います。果実ならではの酸味と甘味、そして時間をかけてじっくり熟成されたからこその、まろやかな塩けとうま味。それがひと粒にぎゅっと閉じ込められているから、軽食でも満足できる

大好きな梅茶漬け。ごはんに梅干し、ねぎとごま、わさびをちょっと添えて、緑茶を注げばでき上がり。

のだと思うのです。

「どんなに忙しい日も、梅干しさえあれば安心」。長年にわたる、そんな信頼感があるからこそ、毎年いそいそと完熟梅を買ってきては、梅干し作りに取りかかるのだと思います。

2

梅干しで新しいおいしさ

フルーティな甘味と酸味、熟成されたうま味や塩けなど、さまざまな風味を兼ね備えた梅干しですが、異なるベクトルの味と組み合わせると、新しいおいしさが広がります。卵のやさしい味わいや甘い野菜と合わせると、メリハリがついてぐっと食べやすくなりますし、苦味やくせのある野菜、スパイスや乳製品といった「強い味」と組み合わせてもよくなじみ、お互いを引き立て合うように思います。梅干しの味を前面に出さずに隠し味的に活用してみると、「この料理の味つけはなに？」とたずねられることも多く、種明かしをすると「梅干しってすごい！」と驚かれることも多いんですよ。

卵と合わせて

焼いても、炒めても、ゆでてもおいしい卵は、毎日の料理に欠かせない食材。梅干しと組み合わせることで、いつものまろやかでやさしい味わいがキリッと引き締まり、とたんに特別なおいしさになるから不思議です。ここでご紹介したレシピ以外にも、だし巻き卵や卵がゆなどに加えるのもおすすめ。味つけは、梅干しだけで十分おいしくなりますよ。

材料（2人分）

トマト…2個（300g）
長ねぎ…1/4本
卵…2個
梅干し（種を除き、包丁でたたく）…2個
砂糖…小さじ1
ごま油…大さじ1

炒めた卵をフライパンに戻し入れたら、火が入りすぎないよう、さっと加熱して仕上げる。

作り方

① トマトは8等分のくし形切りにする。長ねぎは5㎜幅の斜め切りにする。

② ボウルに卵を割りほぐし、たたいた梅干し小さじ1/2、砂糖を加えて混ぜる。

③ フライパンにごま油を中火で熱し、②を流し入れる。菜箸でかき混ぜ、半熟状になったらいったん取り出す。

④ キッチンペーパーでフライパンをさっと拭き、ごま油少々（分量外）を加え、①と残りの梅干しを入れて炒める。なじんだら③を戻し入れ（写真a）、さっと炒め合わせる。

トマトと卵の梅炒め

中国の家庭料理で定番の炒めもの。卵はもちろん、トマトとも梅干しは相性よし。シンプルなおかずですが食べ飽きないおいしさです。

卵サラダ　梅と玉ねぎたっぷりドレッシング

↓作り方はp.92

●卵と合わせて

梅干しと卵のチャーハン

↓作り方はp.93

卵サラダ 梅と玉ねぎたっぷりドレッシング

「普通のゆで卵が、
このドレッシングで
ごちそうになる！」と
撮影スタッフにも大好評。
人を招く日の
オードブルにもどうぞ。

材料（2人分）
卵（常温に戻す）…3個
玉ねぎ（みじん切り）…1/3個分
みりん…大さじ2

A
梅干し（種を除き、包丁で粗くたたく）…2個
パセリ（みじん切り）…大さじ1
オリーブオイル…大さじ1
粗びき黒こしょう…少々

作り方
① 耐熱容器に玉ねぎとみりんを合わせ、ラップをかけずに電子レンジで1分加熱し、アルコールを飛ばす。Aを加え、よく混ぜる。
② 鍋に湯を沸かして塩適量（分量外）を入れ、卵を加えて8分ほどゆでる。冷水にとり、殻をむいて4等分に切る。
③ 器に②を盛り、①をかける。

梅干しと卵のチャーハン

シンプルな卵チャーハンが、梅干しのアクセントで味わいだけでなく彩りもワンランクアップ！スッとする香りのみつばとも好相性です。

材料（2人分）

温かいごはん…300g
卵…2個
みつば…1束（30g）
梅干し（種を除き、包丁でたたく）…2個
砂糖…小さじ1/2
白いりごま…小さじ1
ごま油…大さじ1

作り方

① ボウルに卵を割りほぐし、たたいた梅干し小さじ1/2、砂糖を加えて混ぜる。
② みつばはざく切りにする。
③ フライパンにごま油を中火で熱し、①を流し入れて菜箸でかき混ぜ、半熟状になったらいったん取り出す。
④ キッチンペーパーでフライパンをさっと拭き、ごはんと残りの梅干しを入れて炒め合わせる。③を戻し入れ、②を加えてさっと炒め合わせ、白ごまをふる。

苦味やくせのある野菜と合わせて

ゴーヤーやピーマン、クレソン、せり、ししとう、みょうがなど、ちょっと苦味があったり、強い味わいの野菜たち。梅干しもかなり強い味、強いもの同士を合わせるとケンカするかと思いきや……どちらも負けずにお互いを引き立て合って、新しいおいしさを生み出してくれるのです。苦味が酸味を、酸味が苦味をやわらげ、食べやすくなるのもポイント。

材料（2人分）

豚ひき肉…150g
塩…少々
ゴーヤー…1本（200g）
梅干し（種を除き、包丁で粗くたたく）…2個
A
酒・みりん…各大さじ1/2
ごま油…小さじ2

作り方

① ゴーヤーは縦半分に切って種とわたを除き、1.5cm角に切る。水に5分ほどさらし、水けをきる。ひき肉は塩をふる。

② フライパンにごま油を中火で熱し、ひき肉を入れて炒める。色が変わったらゴーヤーを加え、軽く透き通ってくるまで炒める。

③ Aを加え、汁けがなくなるまで炒める。

ゴーヤーと ひき肉の梅炒め

暑くて食欲が落ち気味な日に
ぜひ作ってほしい
夏バテ回復メニュー。
ゴーヤーはコロコロの
角切りにすると食感がよく、
食べごたえもアップします。

味つけは、梅干しと
オリーブオイルだけ。
クレソンの力強い味わいにも、
梅干しは負けません。

クレソンと牛肉の梅あえ

材料（2人分）
牛肉（しゃぶしゃぶ用）… 150g
クレソン… 1束（50g）
梅干し（種を除き、包丁で粗くたたく）… 2個
オリーブオイル… 大さじ2

作り方
① クレソンは葉を摘む。
② 鍋に湯を沸かして酒大さじ1（分量外）を入れ、弱火にして牛肉を1枚ずつ加える。色が変わったらざるにあげ、キッチンペーパーで水けを拭く。
③ ボウルに②、梅干しを入れてからめ、①、オリーブオイルを加えてさっとあえる。

せりと菊花の梅おひたし

材料（作りやすい分量）
せり…1/2束（50g）
菊花…1/2パック（40g）
梅干し（手でちぎる）…2個
かつお昆布だし…1と1/4カップ

作り方
① バットにだし汁、梅干し（種ごと）を入れ、なじませる。
② せりは根をしっかり洗い、葉と根を切り分ける。菊花は花びらを摘む。
③ 鍋に湯を沸かして塩適量（分量外）を加え、せりの根を入れて30秒ほどゆでる。葉を加え、さらに30秒ゆでてざるにあげ、粗熱がとれたら水けを絞り、①にひたす。
④ 別の鍋に3カップの湯を沸かし、酢大さじ1（分量外）を入れる。菊花を加え、1分ほどゆでて冷水にとり、水けをしっかり絞って①にひたす（写真a）。さっとひたしても、数時間おいてもよい。

a

だし酢に漬け込む時間はお好みで。梅干しのクエン酸に、せりと菊花が変色するのを防止する効果が。

● 苦味やくせのある野菜と合わせて

ほろ苦く香りのいいせりと菊花の、目にも美しい小鉢。せりは根がおいしいので、ぜひ加えてください。

甘味のある野菜やくだものと合わせて

甘味が強いかぼちゃやさつまいも、とうもろこしなどの野菜は、それ単体では食べ飽きてしまうこともありますが、そこに梅の酸味や塩味をプラスすると、ぐっとメリハリがついて、俄然、箸が進むようになります。味の「つなぎ」としてオイルや酒などを上手に使うと、味に一体感が生まれます。柿などのくだものと合わせても、意外なおいしさを発見できますよ。

材料（2人分）

とうもろこし…2本
鶏ささみ…3本（150g）
A
┌ **梅干し**（種を除き、包丁で粗くたたく）…2個
└ オリーブオイル…大さじ1
バジルの葉…8〜10枚
粗びき黒こしょう…適量

作り方

① 鍋にたっぷりの湯を沸かし、塩適量（分量外）を入れ、とうもろこしを入れて中火で3〜4分ゆでる。ざるにあげて水けをきり、粗熱がとれたら包丁で実をそぐ。

② ささみは筋を除く。別の鍋に湯を沸かして酒大さじ1（分量外）を加え、ささみを2分ほどゆでる。火を止めてそのまま冷まし、手で細かくさく。

③ ボウルに①、②、Aを入れ、あえる（写真a）。バジルの葉をちぎって加え、黒こしょうをふってさっとあえる。

とうもろこしの黄色に梅の赤、バジルの緑の彩りも鮮やか。ささみは細かくさくと、味がなじみやすい。

とうもろこしと ささみの梅マリネ

甘味と酸味、うま味が
交互にやってきて、
食べ始めたら止まらない！
時間がない日は
とうもろこしは缶詰でも。
シソ科のハーブ・バジルも
梅干しと相性がいいのです。

甘い柿が梅の風味で
新しい味わいになりました。
おもてなしのデザートや
中国茶のお茶請けに。

柿の梅コンポート

材料（2人分）

柿…2個

梅干し…1個

A
- はちみつ…大さじ2
- 紹興酒…80㎖
- 水…1/2カップ

作り方

① 柿は皮をむき、それぞれ4等分に切る。

② 鍋に①、A（梅干しは種ごと）を入れて中火にかける。煮立ったら弱火にし、ふたをして5分ほど煮る。火を止め、そのまま冷ます。

かぼちゃは皮の部分も
おいしいので残します。
みょうがのほろ苦さも、
味わいのアクセントです。

かぼちゃの梅あえ

材料（2人分）

かぼちゃ…200g
みょうが…2個
梅干し（種を除き、包丁で粗くたたく）…2個
揚げ油…適量

作り方

①かぼちゃはところどころ皮をむき、2cm角に切る。みょうがはせん切りにして水にさらし、水けをきる。

②冷たい揚げ油にかぼちゃを入れて中火にかけ、180℃に熱し、火が通るまで3～4分揚げて油をきる。

③②をボウルに入れ、梅干し、みょうがを加えてあえる。

スパイスと合わせて

清涼感のあるクミンや山椒、オリエンタルな風味を添えるシナモンや八角。これらのスパイスは、しょうゆと組み合わせると日本の食卓になじむ味わいになります。だったら、しょうゆを梅干しにかえてみたらどうかな？　と思いついて、生まれたのが、このレシピたちです。お酒にもよく合うしゃれた味わいに仕上がるので、おもてなし料理にもおすすめです。

材料（２人分）

鶏もも肉…１枚（３００g）
塩…少々
玉ねぎ…1/2個（１００g）
A［クミンシード…小さじ1
　オリーブオイル…小さじ2
梅干し（種を除き、包丁で粗くたたく）…2個
B［酒・みりん…各大さじ1

鶏肉に9割がた火が通ってから、梅だれを加えて煮立たせる。玉ねぎも、ソースのように肉にからめて。

作り方

① 鶏肉は余分な脂を除き、皮目と反対側に格子状に切り目を入れ、塩をなじませる。玉ねぎは繊維を断つように横7～8㎜幅の薄切りにする。
② フライパンにAを弱火で熱する。香りが立ったら中火にし、鶏肉を皮目を下にして入れ、トングなどで押さえながら焼き目がつくまで焼く。
③ 玉ねぎを加えてさっと炒め合わせ、鶏肉の上下を返し、弱めの中火にして8分ほど焼く。
④ 中火にし、Bを加えて煮立たせ、汁けがなくなるまで全体にからめる。鶏肉を食べやすく切り、器に盛り合わせる。

鶏もも肉の梅クミン焼き

さわやかなクミンとふくよかな梅は相性抜群。クミンを余らせがちな人はこの組み合わせを覚えておくとほかの肉や魚料理に応用でき、いろいろと便利です。

梅とシナモン、八角のチャーシュー

↓作り方は p.106

たこの梅山椒マリネ

↓作り方はp.107

梅とシナモン、八角のチャーシュー

材料（作りやすい分量）
豚肩ロースかたまり肉…500g
A
- 梅干し…2個
- にんにく（つぶす）…1片
- しょうが（皮つきのまま薄切り）…1かけ分
- シナモンスティック…2本
- 八角…1個
- 紹興酒…1/2カップ
- しょうゆ…大さじ1

香菜…適量

a
肉の漬け込み時間は半日〜1日ほど、好みで調整を。丸1日漬け込むと、さらにこっくりとした味になる。

作り方
① 豚肉はキッチンペーパーで水けを拭き、保存袋に入れる。Aを加えて袋の上からしっかりもみ混ぜ、冷蔵庫で半日ほどおく（写真a）。
② 天板の上に網を敷いて①をのせ（漬けだれはとっておく）、120℃に予熱したオーブンで1時間ほど焼く。途中、2回ほどオーブンから取り出し、①の漬けだれをからめて焼く。
③ 取り出して粗熱をとり、好みの厚さに切って器に盛る。ざく切りにした香菜を添える。

まずシナモンと八角の香りが広がって、あとから梅の風味がじわじわと。漬けたらオーブンに入れて焼くだけなので、手軽です。

たこの梅山椒マリネ

梅の酸味と、
山椒のさわやかな辛味。
お酒のアテにぴったりの一品です。
歯ごたえを楽しめるよう、
たこは大きめに切るのが
おすすめです。

材料（2人分）

ゆでだこ…150g
梅干し（種を除き、包丁で粗くたたく）…1個
実山椒（水煮）…10g
ごま油…大さじ1
青じそ…適量

作り方

① 実山椒は包丁で粗く刻み、梅干しと混ぜ合わせる。
② たこは水で洗い、キッチンペーパーで水けを拭いて乱切りにする。
③ ボウルに①、②、ごま油を入れてさっとあえ、器に盛り、ちぎった青じそを散らす。

乳製品と合わせて

バターやクリーム、チーズなど、乳製品と梅干しの組み合わせ。意外に思われるかもしれませんが、これが驚くほど好相性！　乳製品のまろやかなコクを梅の酸味や塩味がきゅっと引き締めてくれるから「箸が止まらない」と、食いしん坊な友人たちからも大好評です。クリームやバターが重たく感じられるときも、隠し味に梅干しをぜひ使ってみてください。

材料（2人分）

スパゲッティ…160g
ベーコン（スライス）…50g
玉ねぎ…1/2個（100g）
オリーブオイル…小さじ2
A
- 梅干し（種を除き、包丁でたたく）…2個
- 白ワイン…大さじ2
- 生クリーム…3/4カップ

パセリ（みじん切り）…少々
粗びき黒こしょう…少々

作り方

①ベーコンは細切りにする。玉ねぎは縦薄切りにする。

②鍋に2ℓの湯を沸かし、塩大さじ1（分量外）を入れ、スパゲッティを袋の表示通りにゆでてざるにあげる。

③フライパンにオリーブオイルを中火で熱し、①を入れ、玉ねぎが透き通ってくるまで炒める。Aを加え（写真a）、混ぜながら煮立たせ、湯をきった②を加えてからめる。

④器に盛り、パセリ、黒こしょうをふる。

生クリームは長く加熱しすぎると分離してしまうので、温まったら間をおかずパスタを投入する。

梅クリームパスタ

シンプルなクリームソースに
梅干しの酸味が加わるだけで
こんなにおいしくなるなんて！
濃厚なクリームソースも
梅干しのおかげで軽やか、
あと味さわやかです。

たらの梅レモンバターソテー

↓作り方は p.112

焼きたけのことオクラの梅チーズ

↓作り方は p.113

たらの梅レモンバターソテー

材料（2人分）

生だら…2切れ（160g）
じゃがいも…2個（300g）
塩…適量
薄力粉…大さじ1

A
- 梅干し（種を除き、包丁で粗くたたく）…2個
- レモン汁…小さじ1

オリーブオイル…小さじ1
バター…20g

B
- レモンの皮（国産。すりおろし）…少々
- 粗びき黒こしょう…適量

作り方

① たらは包丁の背で皮のぬめりをこそげ取り、塩小さじ2/3をふって15分ほどおく。キッチンペーパーで水けをしっかり拭き、薄力粉を薄くはたく。

② じゃがいもは皮をむいて6等分に切り、鍋に入れる。かぶるくらいの水と塩少々を加えて中火にかけ、やわらかくなるまで7分ほどゆでる。湯をきって再び中火にかけ、水分を飛ばして粉ふきいもにする。

③ フライパンにバターとオリーブオイルを合わせて中火で熱し、バターが溶けたら①を加える。焼き目がついたら上下を返し、裏面も焼き目がつくまで焼く。Aを加え、なじませる。

④ 器に盛って②を添え、Bをふる。

淡泊な味わいのたらをバターのコクと梅&レモンの酸味で風味アップ。梅干しが、たらのくさみをマスキングしてくれます。サーモンで作っても美味。

焼きたけのことオクラの梅チーズ

チーズの熟成されたうま味と梅干しの風味が、極上の調味料になります。梅に十分な塩けがあるので、のせるチーズは塩分控えめのものを選んで。

材料（2人分）
たけのこ（水煮）…200g
オクラ…5本
梅干し（種を除き、包丁でたたく）…1個
エメンタールチーズ（またはプロセスチーズなど）…15g
オリーブオイル…小さじ2

作り方

① たけのこは2cm幅のくし形切りにする。オクラはがくをぐるりとむき、塩少々（分量外）をふって板ずりし、水でさっと洗う。水けをきり、縦半分に切る。

② フライパン（またはグリルパン）にオリーブオイルを中火で熱し、①を並べ、それぞれ表面に焼き目がつくまで焼く。梅干しをからめ、火を止める。

③ 器に盛り、チーズを薄く削ってのせる。

コラム④

海外旅行にも！梅干しはお守りがわり

いつの頃からか、海外旅行に出かけるときは、必ず梅干しを持っていくのが習慣になりました。根っからの食いしん坊な私、旅先ではどうしても「あれもこれも」と食べ過ぎ、おなかの調子をくずしてしまいがち。そんなときに、梅干しの出番です。

梅干しに含まれる成分は、胃腸の働きを助けてくれるものばかり。クエン酸、リンゴ酸などは腸内の悪玉菌をおさえ、善玉菌を増やしてくれると言われています。また梅干しは植物性乳酸菌の宝庫で、これまた腸内環境を整えてくれます。ポリフェノールやカリウムは胃酸の分泌を促し、消化促進に役立ってくれるそう。便秘や下痢、胸やけなどの症状をやわらげるのに役立つ成分が豊富に含まれているのです。こうして改めて梅干しのパワーを見直してみると、どんな胃腸薬を持っていくより、心強いと思いませんか？

朝、目覚めたときに「昨晩はちょっと食べ過ぎたなあ」と、胃がつかえるような気がしたら、朝ごはんを抜いて、梅ほうじ茶を飲むと、昼にはおなかの調子が戻り、また元気に旅が続けられるんです。

旅が長くなると「ちょっと日本の味が恋しいな」と思うこと

がありますが、そんなときにも梅干しはありがたい。持っていく量は、1日1個が目安。1週間の旅ならば、7個持っていきます。私にとって梅干しは、「旅のお守り」的存在なのです。

旅の荷物には、ほうじ茶のティーバッグと梅干しを必携。ホテルの部屋で、梅ほうじ茶としていただきます。

私の梅しごと

日差しが強くなり、夏の気配を感じると
「そろそろ梅しごとの季節」とそわそわ。
毎年いろんな産地から梅を取り寄せ、
1年分の梅干しをたっぷり仕込んでいます。
甘い香りに包まれながら行う梅しごとは、
なんとも言えない贅沢な気分。
「梅干しを漬ける」というと、はじめは
難しく感じるかもしれませんが、
保存袋を使って1kgからでも
取りかかれるので
気軽に挑戦してみてください。
梅干し作りの副産物、
梅酢も幅広く楽しめます。

1kgから手軽に始める 梅干し作り（塩分14％）

6月上旬～下旬

塩漬け

まずは、梅を塩漬けにしていきましょう。ジッパーつきの保存袋を使えば、少量から気軽に漬けられ、梅酢が上がってくる様子も確認できて初めてでも安心です。

材料（作りやすい分量）

完熟梅…1kg
粗塩…140g（梅の重量の14％）
食品用アルコール（または35度以上の焼酎）…適量

1

梅は傷があるものは除き、さっと洗って、かぶるくらいの水につけて6時間ほどおき、アクを抜く。キッチンペーパーで水けをよく拭き、ざるに広げてしっかり乾かす。

2

竹串を使って、なり口のへたを取り除く。

3

②の梅に食品用アルコールを吹きつけ（または焼酎をしみ込ませた布巾で1個ずつ拭き）、消毒する。

4

清潔なまな板の上に1個ずつのせ、手で軽く押しながらコロコロと転がして、梅の繊維をこわし、梅酢を出しやすくする。

5

ボウルに入れ、全体に塩をまぶす（特になり口の部分にしっかり塩をまぶすと、いたみにくい）。

6

重ならないようにジッパーつきの保存袋（Lサイズ）に入れ、しっかり空気を抜いて口を閉じる。

7

バットにのせ、上にもバットを重ねて2kg（梅の重量の2倍）の重石をのせる。

・冷暗所に3〜5日おき、梅酢（白梅酢）が上がるまで待つ（1日に1回、上下を返して梅酢が全体に行き渡るようにする）。ひたひたになるまで梅酢が上がったら重石をはずし、赤じそ漬けまたは土用干しまでそのままおく。

6月中旬～下旬

赤じそ漬け

赤梅干しを作る場合は、梅酢が上がったところに塩もみした赤じそを加えます。

アクをぎゅっと絞ったあとの赤じそに梅酢を加えると、パッと鮮やかな赤色に。これが赤梅酢です。
＊白梅干しにする場合は、この作業は省略します。

材料（作りやすい分量）
塩漬けした梅…全量
赤じそ…2束（正味300g）
粗塩…60g（赤じその重量の20％）
梅酢（塩漬けして上がってきたもの）…1/2カップ

1 赤じそはきれいな葉だけを摘む。

2 たっぷりの水でよく洗ってざるにあげ、キッチンペーパーなどで水けをしっかり拭き、ざるに広げて乾かす。

②をボウルに入れ、塩の半量を加えてよくもむ。

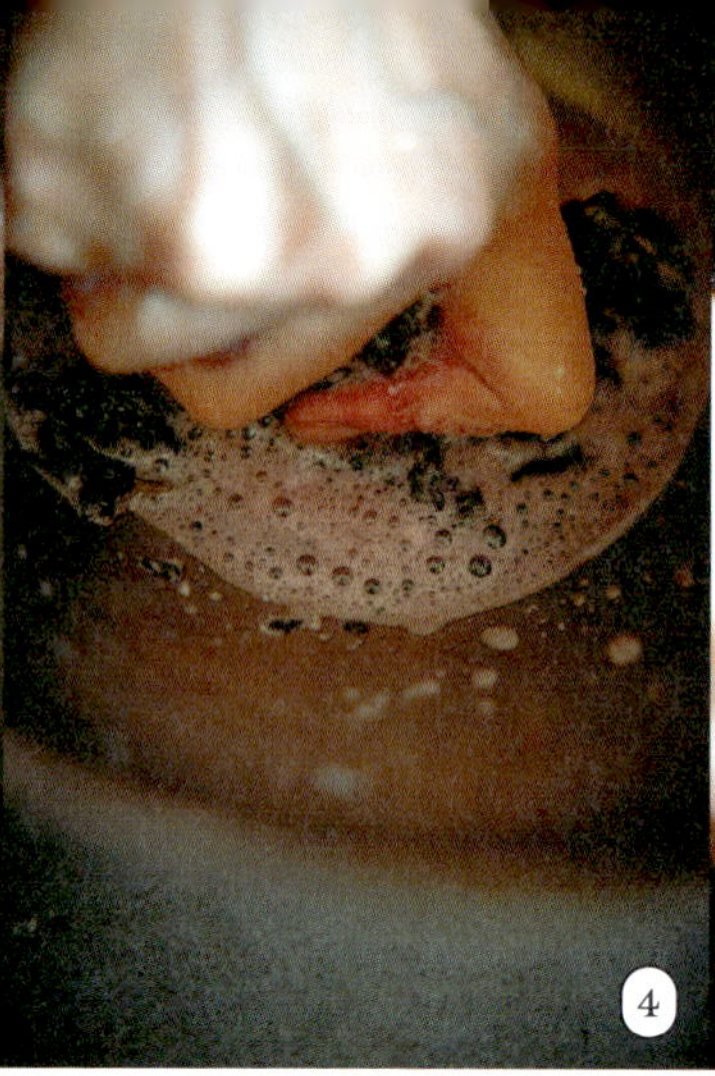

もんでいくとかさが減り、アクの強い汁が出てくるので、ぎゅっと絞り、絞り汁は捨てる。同様にもう一度③〜④をくり返す。

ボウルをきれいにして赤じそを入れ、残りの塩を加えて同様にもう一度もみ、ぎゅっと絞る。

きれいなボウルに赤じそを入れ、梅酢を加えて全体になじませる。

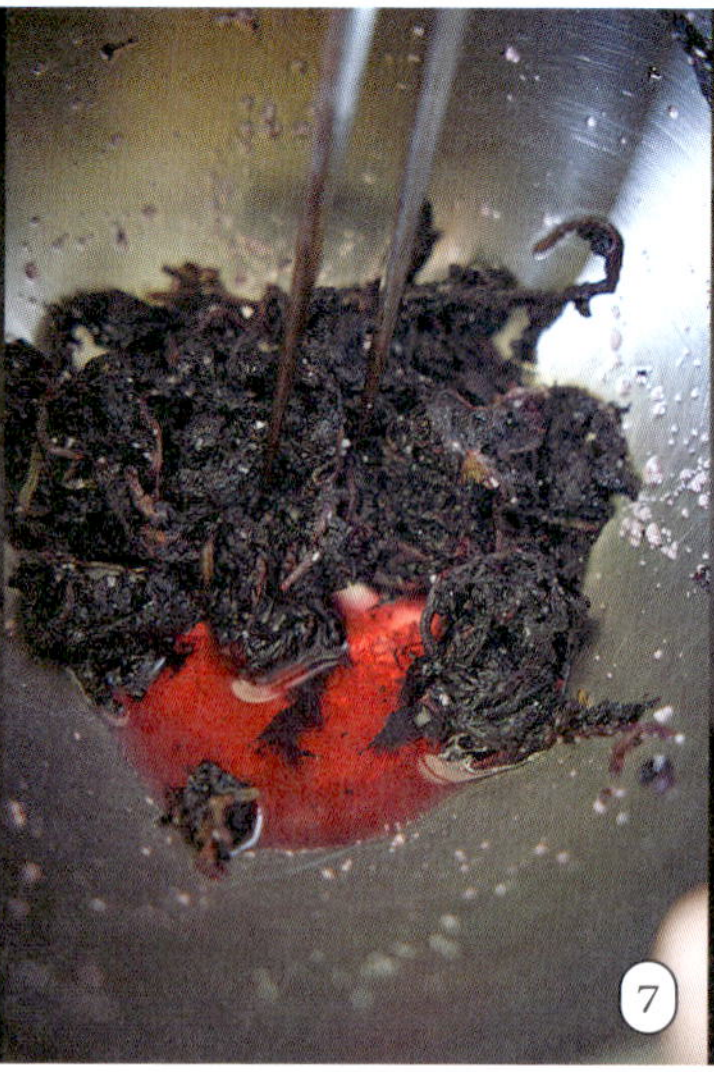

すぐに鮮やかな赤色に発色する（赤梅酢）。

塩漬けした梅に⑦を梅酢ごと加え、土用干しまでおく。

7月下旬～8月上旬

土用干し

梅雨が明けたら、晴天が続く日を選んで梅を天日干しにします。
干し方は、白梅干しも赤梅干しも、同じ。
3日間天日に当て、3日目の夜はそのまま夜露に当てます。
梅酢は清潔な容器に入れ、日光に1日当てましょう。

・写真は白梅酢の場合

梅は汁けをきり、間隔をあけてざるに並べる。

日当たりと風通しのよい場所を選び、朝7～9時頃から屋外に干す（表面が乾いてきたら、1日1回上下を返し、ムラなく乾かす）。午後3時くらいに取り込んで梅酢に戻し、2日目も同様に干す。

3日目も同様に干す。梅酢は保存袋に入れたまま保存容器などに入れて口を広げ、日光に当て、午後3時頃に取り込む。梅はそのまま屋外にひと晩おいて、夜露に当てる。

4日目

朝、梅を取り込み、1個ずつ梅酢にさっとくぐらせて清潔な保存容器に入れる。

漬けたあとの赤じそは…

梅を漬けたあとの赤じそは、香りのよいふりかけとして楽しめます。汁けをきってざるに広げ、カラカラになるまで2～3日干し、フードプロセッサーにかけて粉末状にします。保存の目安は室温で1年ほど。あれば、乾燥剤を入れておくといいですよ。土用干しの際に、ぜひ赤じそも干してみてください。

梅干しの保存は…

直射日光を避け、室温で保存します。すぐに食べられますが、半年～1年おくと味がなじんでまろやかになり、うま味が増します。

梅干し作りのQ&A

Q 塩漬け中にカビが発生してしまいました。

A ・**梅酢にカビが浮いている場合**…スプーンなどでそっと取り除きます。
・**梅の一部にカビが発生した場合**…カビの生えた梅だけを取り除きます。
・**梅酢全体にカビが広がっている場合**…カビをスプーンなどでそっと取り除いたあと、梅酢はキッチンペーパーで濾して鍋に入れ、一度煮立てて冷まし、新しい保存袋に移します。梅は熱湯で洗ってから乾かし、梅酢に戻して漬け直しましょう。

Q 梅酢がなかなか上がってきません。

A 梅の重量の2倍の重石をすれば、通常は翌日くらいから梅酢が上がり始めます。3日ほどたっても梅酢が上がらない場合は、重石を少し重くしてみる、保存袋の上下を返して梅酢を全体に行き渡らせるなどしてみてください。

Q 土用干し中に、雨に当ててしまいました。

A 雨に当たってしまった梅は、1個ずつキッチンペーパーで拭き、食品用アルコール（または35度以上の焼酎）で消毒してから一度梅酢に戻し、続きから干し直しましょう。

Q 土用干しの時期を逃してしまいました。

A 「土用干し」は梅雨明け後、夏の土用（7月20日～8月7日頃）に天日干しすることからこのように呼ばれますが、この時期に限らず、晴天が続く日を選んで干せばOKです。最近、日本でも夏は急な雨に見舞われることが増えて、干すタイミングがむずかしいですよね。私も最近は、秋まで待って干すようにしています。

Q 連続して3日干せませんでした。

A 土用干しの途中で天気が悪くなってしまったり、用事ができて3日連続で干せない場合は、一度梅酢に戻し、晴れた日に続きから干せば大丈夫。連続でなくても、3日間干せばOKです。

Q 干したら、梅がかたくなってしまいました。

A 梅酢が余っていたら梅酢に戻し、水分を含ませてから改めて天日干しをしてみてください。その際は、干す時間を短めにして、ほどよいやわらかさになったら取り込むようにしましょう。

梅酢も活用しましょう

梅酢は、梅干しのうれしい副産物。
梅を塩漬けしたとき、
最初に上がってくるのが「白梅酢」、
白梅酢に赤じそを漬け込んだのが「赤梅酢」です。
白梅酢は、梅から出たエキスと塩だけのシンプルな
味わいで、梅の香りがより際立ちます。
梅に加えて、しその風味や香りが溶け込んだ赤梅酢は
鮮やかな赤色が特徴。食材を着色するときにも便利です。
1kgの梅干しを漬けると、
約300mℓほどの梅酢がとれます。
さっぱりとした梅酢を使ったあえものやサラダは、
食欲が落ちがちな暑い季節にもぴったり。
お好みで使い分けてみてください。

右から赤梅酢、白梅酢。どちらもクエン酸や梅ポリフェノールが含まれ、疲労回復や高血圧予防などに働くとされています。抗菌作用もあるので、おべんとうのおかずに使うのもおすすめ。風味は異なりますが、料理にはどちらを使ってもかまいません。保存の目安は冷蔵で1年ほど。

梅酢をポン酢感覚で
豚しゃぶ鍋の漬けだれに。
鍋のスープに少したらすと
これまた絶品です。

しゃぶしゃぶ 梅酢だれ

材料（2人分）

豚ロース肉（しゃぶしゃぶ用）… 150g
長ねぎ … 1本（100g）
豆苗 … 1パック（100g）
昆布 … 5㎝角×1枚
A ┌ 水 … 3と1/2カップ
　└ 酒 … 1/4カップ
白梅酢 … 適量

作り方

① 長ねぎは斜め薄切りにし、豆苗は根元を除いて食べやすい長さに切る。
② 昆布はキッチンペーパーでさっと拭いて鍋に入れ、Aを加えて30分おく。
③ ②を中火にかけ、煮立ったら豚肉、①を入れてさっと煮る。梅酢をつけていただく。

梅酢ドレッシングのサラダ

梅酢とオイルを混ぜるだけの
簡単ドレッシング。
フルーティな香りが
サラダに華を添えます。

材料（作りやすい分量）

赤梅酢…大さじ1
オリーブオイル…大さじ1
ベビーリーフなど好みの葉野菜…適量

作り方

① 梅酢とオリーブオイルを合わせ、泡立て器でしっかり混ぜて乳化させる。
② 器に葉野菜を盛り、①をまわしかける。

ささみの梅酢そうめん

暑い季節のお昼ごはんに
ぴったりな、さっぱり麺。
梅酢の塩けと酸味が
夏の疲れを癒してくれそう。

材料（2人分）

鶏ささみ（ゆでたもの）…3本
細ねぎ…1〜2本
A［赤梅酢…大さじ2
　かつお昆布だし…80㎖
刻みのり…少々
そうめん…3束

作り方

① Aを混ぜ合わせ、冷蔵庫で冷やしておく。
② ささみは手で細かくさく。細ねぎは小口切りにする。
③ そうめんを袋の表示通りにゆでて冷水でしめ、水けをきって器に盛る。②、刻みのりをのせ、①をかける。

ワタナベマキ

グラフィックデザイナーを経て、2005年より料理家としての活動をスタート。雑誌や書籍、広告、テレビ、商品プロデュースなど多方面で活躍。夫と息子、2匹の愛猫と暮らす。祖母や母から学んだ季節の保存食から、日々の食事に役立つシンプルなレシピ、旅先で出会ったエスニック料理まで、得意料理は幅広い。『うちの台所道具』『ワタナベマキの毎日のごはんとおやつ帖』『韓国ドラマの妄想ごはんレシピ帖』(すべて小社刊) ほか著書多数。
Instagram @maki_watanabe

デザイン　三上祥子 (Vaa)
撮影　木村拓 (東京料理写真)
スタイリング　久保田朋子
調理アシスタント　伊藤雅子　小西奈々子
校閲　滄流社
取材　田中のり子
編集　山村奈央子

梅干しは万能調味料

著　者　ワタナベマキ
編集人　足立昭子
発行人　殿塚郁夫
発行所　株式会社主婦と生活社
　　　　〒104-8237 東京都中央区京橋3-5-7
　　　　Tel：03-3563-5321（編集部）
　　　　Tel：03-3563-5121（販売部）
　　　　Tel：03-3563-5125（生産部）
　　　　https://www.shufu.co.jp
　　　　ryourinohon@mb.shufu.co.jp
製版所　東京カラーフォト・プロセス株式会社
印刷所　TOPPANクロレ株式会社
製本所　株式会社若林製本工場
ISBN978-4-391-16479-4

落丁・乱丁の場合はお取り替えいたします。お買い求めの書店か、小社生産部までお申し出ください。

Ⓡ本書を無断で複写複製（電子化を含む）することは、著作権法上の例外を除き、禁じられています。本書をコピーされる場合は、事前に日本複製権センター（JRRC）の許諾を受けてください。

また、本書を代行業者等の第三者に依頼してスキャンやデジタル化をすることは、たとえ個人や家庭内の利用であっても一切認められておりません。

JRRC（https://jrrc.or.jp　Eメール：jrrc_info@jrrc.or.jp　Tel：03-6809-1281）

©MAKI WATANABE 2025　Printed in Japan

お送りいただいた個人情報は、今後の編集企画の参考としてのみ使用し、他の目的には使用いたしません。詳しくは当社のプライバシーポリシー（https://www.shufu.co.jp/privacy/）をご覧ください。